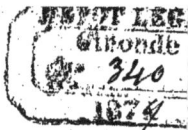

OBSERVATIONS

DES AVOUÉS DE PREMIÈRE INSTANCE DES DÉPARTEMENTS

SUR LA

PROPOSITION DE LOI

RELATIVE A LA

PROCÉDURE EN SÉPARATION DE BIENS

EN MATIÈRE DE FAILLITE

BORDEAUX

IMPRIMERIE G. GOUNOUILHOU

11, RUE GUIRAUDE, 11

—

1879

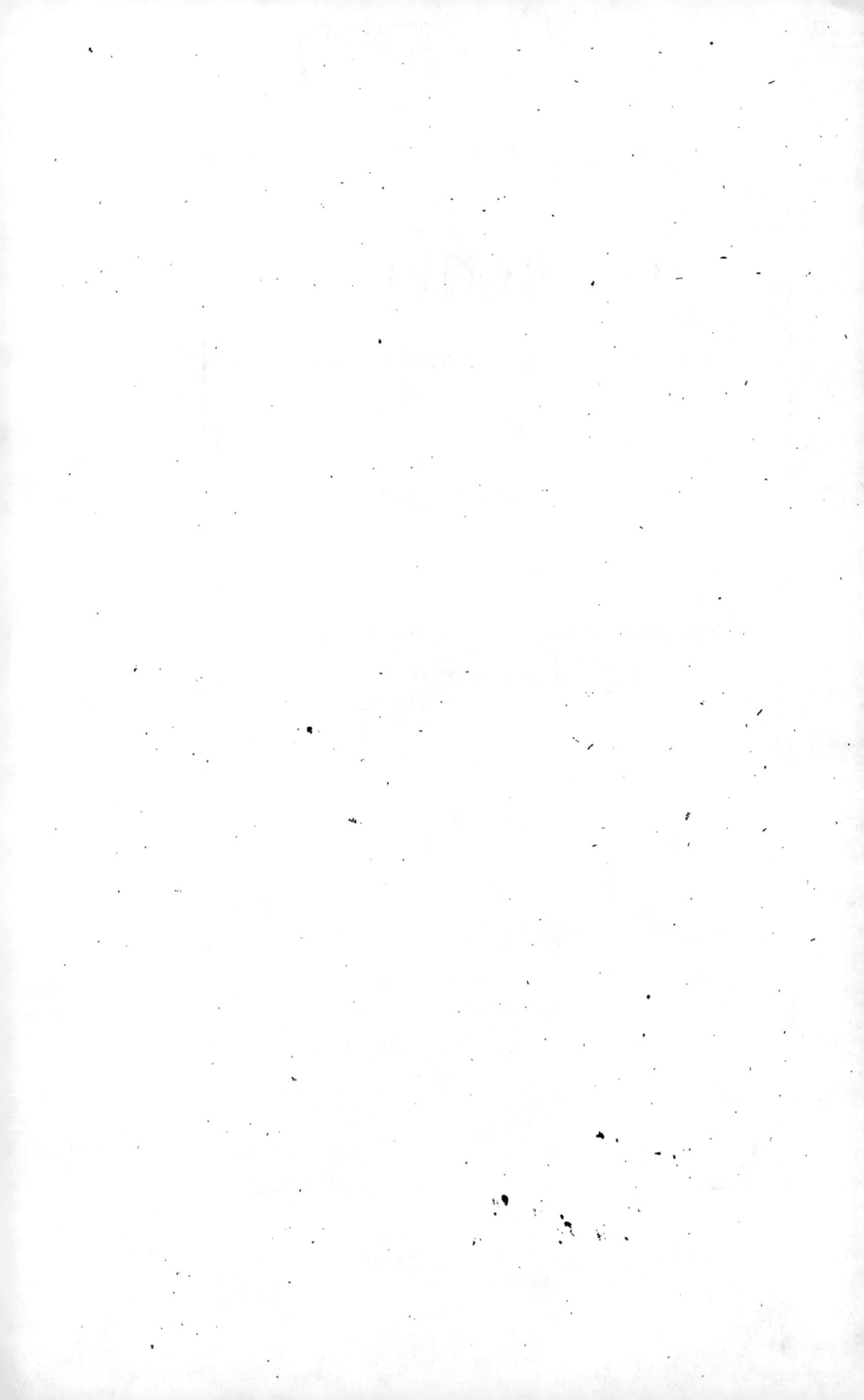

OBSERVATIONS

DES AVOUÉS DE PREMIÈRE INSTANCE DES DÉPARTEMENTS

SUR LA

PROPOSITION DE LOI

RELATIVE A LA

PROCÉDURE EN SÉPARATION DE BIENS

EN MATIÈRE DE FAILLITE

BORDEAUX

IMPRIMERIE G. GOUNOUILHOU

11, RUE GUIRAUDE, 11

1879

OBSERVATIONS

DES AVOUÉS DE 1re INSTANCE DES DÉPARTEMENTS

SUR LA

PROPOSITION DE LOI

Relative à la Procédure en séparation de biens
en matière de faillite.

———

Une proposition de loi destinée à modifier la procédure de séparation de biens en matière de faillite fut déposée en 1872 par M. Parent, et suivie d'un amendement, émané de M. Mazerat, qui avait pour objet de supprimer toutes les formalités, et faire résulter la séparation de biens du fait seul de la faillite.

La Conférence des avoués de première instance des Départements s'en émut, et elle crut devoir soumettre des observations qui s'opposaient à ce que cette proposition Parent, aussi bien que l'amendement de M. Mazerat, fussent accueillis.

Elle fit d'abord remarquer que ce serait un premier pas fait dans une voie fâcheuse, que celle qui tendrait à réformer partiellement une œuvre aussi importante, aussi bien harmonisée que celle de nos lois de procédure, alors surtout qu'il s'agissait de porter la main sur celles de ses dispositions qui se combinent avec l'œuvre plus considérable de notre Code civil, à laquelle M. Dufaure, ministre alors de la justice, avait déclaré du haut de la tribune, qu'il fallait bien se garder de toucher; ce qui ne voulait pas dire qu'il n'y avait pas quelques modifications à introduire et dans nos lois civiles et dans nos lois de procédure; mais à la condition que ce fût l'objet d'un travail d'ensemble, sous peine de rompre l'équilibre d'un édifice qui nous est envié par toutes les nations, parce qu'il est supérieur à tous ceux qu'elles ont élevés, la justice ne se rendant ni mieux ni plus vite, ni à moins de frais, qu'en France.

Si encore, disait la Conférence, la modification proposée était sollicitée par un intérêt justifié. Mais il n'en était rien.

En effet, quels étaient les motifs invoqués à l'appui de la proposition?

D'après M. Parent, la procédure de séparation de biens en matière de faillite occasionnerait des frais considérables, soit de la part de la femme, soit de la part du syndic; ils s'élèveraient annuellement à un demi-million, et ils seraient, les uns comme les autres, prélevés sur l'actif chirographaire de la faillite, venant ainsi réduire notablement un dividende déjà très mince, évalué à 17 0/0; et, d'un autre côté, la séparation de biens, telle qu'elle est instruite, retarderait la liquidation et la clôture de la faillite, ce qui serait une entrave, une perte de temps dont il faudrait la débarrasser. On répondait que les frais exposés au nom de la femme n'étaient pas prélevés sur la masse chirographaire; et que, par suite, le dividende à répartir entre les créanciers n'en éprouverait aucune diminution. Sans aucun doute, disait-on, les syndics y étaient condamnés; mais ils ne constituaient pour la femme qu'un accessoire de sa créance; elle la recevait en totalité sur la masse hypothécaire au rang de son hypothèque légale si elle y venait utilement, et à défaut, sa

créance étant purement chirographaire, elle ne percevait
sur ces frais que le même dividende que recevaient les
autres créanciers, et les frais seuls ainsi prélevés sur la
masse chirographaire n'avaient pas l'importance qu'on
leur supposait; ils ne dépassaient jamais en moyenne
50 fr., quand il en était exposé en son nom; car, le plus
souvent, les jugements de séparation de biens en matière
de faillite étaient rendus par défaut, et alors la masse
chirographaire ne subissait de ce chef aucune diminution.
Le syndic ne se constitue pas, et il n'y a de frais faits en
son nom (et on en sait le chiffre) que lorsque la femme
ne se borne pas à demander sa séparation et qu'elle
conclut à ce que le Tribunal liquide ses reprises, et c'est
alors un devoir pour le syndic de se constituer ou d'inter-
venir au cours de procédure, car autrement cette liquidation
n'étant pas contestée, pourrait souvent préjudicier aux
droits de la masse chirographaire. Quant aux frais faits
au nom de la femme, ils n'avaient certainement pas
l'importance que leur assignait M. Parent. — D'ailleurs, il
ne s'en était pas préoccupé quant à elle; il n'en avait
fait une des bases de sa proposition qu'au point de vue
de l'appauvrissement qui en résultait pour l'actif chirographaire; et on prouvait qu'il n'en subissait aucun, et
que s'il s'en était ému dans l'intérêt de la femme, on lui
aurait répondu que la loi d'assistance judiciaire ne faisait
pas défaut à celle qui, n'ayant pas de reprises à recouvrer,
recourait néanmoins à ce moyen pour s'assurer et assurer
à ses enfants, par son industrie, des moyens d'existence,
et que si au contraire elle était créancière de son mari, il
était juste que l'on ne tarît, pas plus à son profit qu'à
celui de celle dont le mari n'était pas en faillite, cette
source d'impôts, l'impôt des frais judiciaires, que doivent
généralement supporter; et sauf les cas d'exception, ceux

de la misère, ceux qui bénéficient de la justice et dont l'État perçoit les deux tiers.

On ajoutait enfin que la proposition telle qu'elle était formulée, n'excluant pas certains frais, créerait la nécessité d'une double procédure, puisque la Chambre du conseil ne prononcerait que la séparation et qu'il faudrait revenir devant le Tribunal pour faire liquider les reprises, ce qui ferait disparaître l'économie qui était recherchée en dehors de l'intérêt des opérations de la faillite.

D'où résultait que se trouvait écartée, et victorieusement écartée, on ne craignait pas de le dire, la raison capitale sur laquelle reposait la proposition de M. Parent; qu'il avait été inexactement renseigné, et que la base manquait à son raisonnement. Il n'y avait donc aucun motif sur ce premier rapport pour modifier la législation en cette matière, et pour le faire surtout partiellement avant le jour où le Code de procédure serait examiné d'ensemble pour y introduire, *sans le mutiler*, les modifications amenées par la temps ou sollicitées par le progrès.

Le second motif de la proposition de M. Parent, et pris du retard que la procédure en séparation de biens apportait dans la marche de la faillite, ne militait pas plus que le premier pour la faire admettre. Les opérations de la faillite, aussi rapidement menées qu'on puisse le supposer, laissent, en effet, toujours à la femme le temps nécessaire pour faire prononcer sa séparation de biens sans qu'elles en soient entravées; il n'y aurait que la liquidation des reprises qui pourrait amener quelques lenteurs, mais ce n'est pas là une cause de retard afférente d'une manière spéciale à la séparation; elle s'applique à toutes les créances pour lesquelles on demande à être admis au passif de la faillite. Si le syndic en refuse l'admission, il faut que la justice intervienne; or, que ce soit la justice civile ou la justice commerciale qui prononce, que la difficulté s'élève vis-à-vis de la femme ou vis-à-vis d'un créancier étranger, il y a dans cette circonstance et au point de vue de la lenteur des opérations de la faillite, des nécessités de retard qu'il faut forcément subir, et que la proposition de M. Parent, admise qu'elle fût, n'aurait pas pour résultat d'éviter.

La conférence avait eu à s'expliquer sur l'amendement Mazerat bien autrement radical que la proposition Parent; cette proposition laissait au moins subsister une procédure quelconque; l'amendement de M. Mazerat n'en exigeait aucune, il les supprimait toutes; la séparation de biens devait être la conséquence nécessaire, forcée, brutale du fait même de la faillite, à moins que la femme ne s'y fût opposée; mais à quel moment, quand, comment? On ne le disait pas.

Ainsi, le contrat le plus solennel et le plus sacré de tous ceux qui se font dans la société, le contrat de mariage subirait, *ipso facto*, d'après l'amendement, cette modification profonde de la séparation de biens, et il la subirait afin de protéger, non plus l'intérêt des créanciers qui avait seul inspiré l'auteur de la proposition, mais celui de la femme, dont il ne s'était nullement préoccupé, et modifiait, pour atteindre ce but de protection imprévu dès l'abord, une des procédures les plus solennelles, édictées par la législation moderne tant au regard de la femme qu'au regard du public.

Et serait-ce d'abord au point de vue des frais qu'il faudrait priver la femme de cette voie protectrice?

On ne pourrait la supprimer, si elle se trouvait en présence de reprises importantes.

Pourquoi lui serait-elle ravie, parce qu'au point de vue des frais, elle pourrait être dans une position qui l'auto-

riserait à recourir au bénéfice de l'assistance judiciaire et qu'il ne devrait lui en rien coûter?

On répond que si, à raison de ses reprises, elle était appelée à prélever une part dans l'actif de la faillite, l'Administration de l'Enregistrement et des Domaines viendrait la lui disputer et même lui arracher ce lambeau, alors même qu'il serait inférieur à ces frais — et *que cela se serait vu.*

C'est douteux, mais ce serait regrettable, et il ne s'en suivrait pas que pour éviter qu'il en fût ainsi à l'avenir, il fallût supprimer la procédure elle-même; il faudrait seulement que l'Administration fût invitée, ce qu'elle ne refuserait pas certainement de faire, à n'exiger le remboursement des droits perçus en *debet*, que lorsque la parcelle de cet actif attribuée à la femme les excéderait notablement et que le bénéfice de l'assistance judiciaire ait été refusé, si ce résultat avait pu être prévu.

La question des frais vidée, la proposition *Parent* et l'amendement *Mazerat* n'étaient, a dit la Conférence, sollicités par aucun motif sérieux et légitime, et ne tendraient à rien moins qu'à compromettre les intérêts les plus considérables, les plus sacrés, ceux recommandés spécialement à la sollicitude du législateur: les intérêts de la famille.

Que propose-t-on, en effet? On veut que désormais la femme *soit séparée de biens* ou avec une procédure, sinon clandestine, du moins secrète, ou sans procédure par le fait seul de la faillite, si elle a déclaré ne pas s'y opposer.

On s'est expliqué sur le premier mode, et on a démontré qu'il ne fallait pas s'y arrêter; il faut s'expliquer sur le second, celui qui supprime toute procédure.

Cette suppression modifiera le plus souvent à l'insu de la femme, sans qu'elle l'ait su, sans qu'elle l'ait voulu, et à l'insu des tiers sans qu'ils en aient été informés, un pacte que l'on ne peut rompre que dans des cas extrêmes ; car la rupture blesse, suivant les jurisconsultes anciens et modernes, la foi des traités, et déroge au droit public et compromet le droit des tiers. (Brodeaux et Troplong.)

Or, si l'intérêt de la famille sollicite une mesure si grave, il faut qu'elle ne soit surprise par personne, ni pour la femme qui la réclame, ni pour les tiers dont elle peut léser les intérêts.

Encore si la séparation ne devait avoir d'effets que pendant les opérations de la faillite et à raison de la faillite ; mais elle lui servira. De commune en biens qu'elle était, d'associée qu'elle était aux acquêts avec son mari, elle sera pour l'avenir et pour toujours, cela dépendra de lui, séparée de biens ; de telle sorte que si, ce qui arrive souvent, le mari revient à meilleure fortune ; s'il en acquiert une nouvelle et considérable, et cela s'est vu souvent, elle n'y aura aucune part, la faillite ayant été quelquefois le résultat d'une machination ourdie contre la femme par le mari.

A la vérité, l'amendement ouvre à la femme un moyen de l'éviter, la voie de l'opposition.

Il sera bien plutôt la conséquence de son silence, et d'un silence dû à son ignorance ; elle sera séparée *ipso facto*, sans le savoir, sans l'avoir voulu.

Et, en effet, d'une part, en supposant qu'elle connût la loi, qu'elle sût ce qu'elle a à faire pour empêcher sa séparation, mais est-ce que l'état de faillite de son mari, soit en son nom personnel, soit comme membre d'une Société, lui sera toujours révélé ? Est-ce qu'il ne sera pas facile de le lui dissimuler ? Est-ce qu'à une apposition de scellés apparente, il ne sera pas possible de substituer une simple description faite en l'absence de la femme que le mari aura su éloigner à dessein du domicile commun?

Et, d'autre part, peut-on en matière si grave compter sur cette vérité légale, la moins vraie de toutes, que nul n'est censé ignorer la loi, et modifier si profondément le pacte matrimonial en répondant à la femme que, si elle est séparée de biens, c'est parce qu'elle l'a bien voulu ; qu'elle n'avait qu'à s'y opposer puisque la loi lui en donnait la faculté, et que, n'en ayant pas usé, c'est bien volontairement que ses intérêts sont désormais distincts de ceux de son mari.

D'ailleurs, faisait-on remarquer, ce qui est vrai de la femme, le sera également des tiers. Cette mesure, la séparation de biens *ipso facto,* n'ayant reçu aucune publicité qui la leur eût fait connaître, et ignorants eux aussi de la loi, ils traiteront avec le mari et même avec la femme comme communs en biens au vu de leur contrat de mariage ou en les sachant mariés sans contrat ; et cependant ils auront traité avec des époux séparés de biens.

Tout le monde aura été ainsi trompé.

Et que l'on ne dise pas que la faillite est un fait suffisamment révélateur de la situation du mari, pour que la bonne foi de la femme et des tiers ne soit pas surprise.

Pour la femme, les faits saillants révélateurs de cette situation, ce serait une saisie exécution qui la dépouille des meubles et objets à son usage ; c'est la saisie immobilière qui l'oblige à quitter son domicile, et pour les tiers, qui en ce moment n'auront pas eu à se préoccuper dès lors de sa situation, si ce n'est dans dix ans, dans vingt ans peut-être, parce que ce n'est qu'à ce moment qu'ils seront appelés à entrer en relations d'affaires avec le failli concordataire ou réhabilité, mais toujours séparé, la communauté n'ayant pas été rétablie, quel moyen auraient-ils eu de se garer, puisqu'aucune publicité n'aura révélé cet état, et que, pour mieux tromper ces mêmes tiers, le mari aura souvent changé de domicile, et que de bien bonne foi la femme se dira toujours commune en biens ou associée aux acquêts avec son mari, n'ayant à son insu aucune de ces qualités, et ayant trompé ceux avec lesquels elle croyait s'engager, comme elle l'aurait fait précédemment; ne sachant pas que sa position eût été modifiée, et qu'elle ne fût plus tenue dès lors des engagements qu'elle avait contractés depuis une faillite qu'elle n'avait pas connue.

C'était là, aux yeux de la Conférence, des conséquences trop déplorables, pour qu'on pût, pour l'économie de quelques frais, les faire découler d'un nouveau texte de loi.

On invoque en faveur de la séparation de biens *ipso facto* l'article 557 du Code de commerce, aux termes duquel la faillite survenant, la femme du failli reprend l'administration de ses biens.

Il y a loin de là à la séparation de biens acquise par le fait de la faillite.

Que la faillite définitivement déclarée soit, aux termes de cet article, à elle seule un motif suffisant pour que la séparation soit prononcée, cela ne se discute pas; mais ce que l'on peut contester, et ce que l'on conteste, c'est que sous l'ancien droit, pas plus que sous le droit nouveau, la séparation de biens n'empruntait à la procédure aucune formalité; autrefois, comme de nos jours, les séparations de biens ont toujours été judiciaires (Troplong, n° 1337) et elles n'ont été accordées qu'aux femmes qui les ont provoquées.

L'objection prise de ce que l'administration des biens de la femme ne peut résider dans les mains de celui qui perd la gestion de ses propres biens, ne démontre qu'une chose : c'est le droit pour la femme de demander la séparation de biens, mais il n'en résulte pas que les biens de la femme soient désormais sans administrateur. Si les biens sont paraphernaux, l'administration lui en appartient; s'ils sont dotaux, ils sont gérés par le syndic, mais grevés de la charge de fournir aux besoins de la famille.

S'il convient à la femme qu'il en soit ainsi, si elle a voulu que son sort demeurât jusqu'au bout associé à celui de son mari, si elle a pensé manquer à l'affection conjugale en séparant leur destinée et en se faisant un droit différent du sien, sa volonté, qui ne peut être maîtrisée, doit être exécutée, car la demande en séparation de biens, pas plus que la demande en séparation de corps, ne peut être imposée à la femme; elle doit être une émanation de sa libre volonté; elle ne sera et ne pourra être séparée de biens que si elle le veut, que si elle le demande d'une manière formelle.

Le dernier argument, qui était invoqué à l'appui de l'amendement, c'était, dit-on, que le jour où la femme, qui l'a ignorée jusque-là, apprendrait que sans l'avoir demandée, et contre son gré, conséquence de son silence, elle aura été séparée de biens, rien ne lui sera plus facile que de rétablir les choses sur l'ancien pied; il suffira qu'il intervienne entre elle et son mari un acte qui rétablisse la communauté entre eux.

La réponse fut fort simple : il ne lui suffirait pas, à la femme, de le vouloir, il faudrait que son mari le voulût également.

Or, ce consentement indispensable du mari pourrait lui être refusé par celui qui aurait voulu arriver à ce résultat et qui, au besoin, aurait machiné une faillite pour l'obtenir.

Et le mari qui aurait subi la faillite sans l'avoir provoquée, pourrait également refuser son consentement, et l'on verrait ainsi de nouvelles fortunes s'élever, et le bénéfice en revenir seul au mari et à ses enfants, l'épouse en étant réduite à tendre la main pour obtenir des secours alimentaires.

Ces observations avaient été présentées à la première Commission qui eut à s'occuper de la proposition de M. Parent et de l'amendement de M. Mazerat ; elles furent également présentées à M. Dufaure, alors ministre de la justice.

M. Dufaure intervint auprès de la Commission, et il fut d'avis qu'il ne devait pas y être donné suite, et en effet il n'en fut plus question.

M. Parent l'a reprise après six ans, modifiée dans le sens de l'amendement de M. Mazerat.

Elle est devenue radicale, en ce sens que le jugement déclaratif de faillite emporte de plein droit à partir de sa date la séparation de biens pour la femme du failli, sans qu'il soit besoin d'en faire la demande.

Elle a été de nouveau prise en considération et renvoyée à une Commission composée d'autres membres.

Les observations présentées à la première Commission et qui viennent d'être résumées ci-dessus, répondent aux arguments à l'aide desquels M. Parent avait eu l'espoir de faire admettre sa proposition, mais qui n'avait pas eu la chance de la convaincre pas plus qu'au sein de la Commission elle n'avait convaincu l'ancien ministre de la justice.

Il n'est guère possible d'en ajouter de nouvelles, si ce n'est au sujet des frais.

La question s'est posée en droit, de savoir à qui devait incomber le paiement des frais relatifs à l'instance en séparation de biens en matière de faillite.

La femme est demanderesse.

Sa demande est accueillie ou repoussée.

Si elle est accueillie, les dépens doivent lui être accordés contre le syndic; si elle est repoussée, elle doit les supporter.

Mais en quelle monnaie seront-ils payés à la femme?

En monnaie de dividende pour la partie des dépens qu'elle ne recevrait pas à titre hypothécaire.

Cette créance s'impose à la faillite comme une créance ordinaire, qui ne prend pas sa source dans la faillite, mais qui est nécessaire pour y exercer des droits préexistants.

Il y a divergence entre les arrêts et les auteurs.

On invoque l'opinion de la Cour de cassation, dont la doctrine tendrait, par un arrêt de rejet, que la faillite est tenue de payer les dépenses en totalité.

C'est un arrêt d'espèce, quoiqu'il émane de la Cour suprême, car les juges s'étaient préoccupés que l'intérêt de la femme n'était pas seulement en jeu, et qu'il importait à l'intérêt de la masse que la décision fût rendue pour la conservation des droits de la faillite.

Tout est donc dit sur la proposition de M. Parent et sur l'amendement qui s'est produit au moment où elle était battue en brèche.

Ni la proposition, ni l'amendement ne répondent à un intérêt actuel et sérieux.

Les procédures de séparation de biens en matière de faillite n'atteignent pas, au point de vue des frais, d'une manière appréciable, l'actif chirographaire; elles n'en retardent pas davantage la marche.

Il n'y sera donc fait aucune innovation. Elles s'instruiront, comme par le passé, en élargissant, par de simples instructions, le bénéfice de l'assistance judiciaire accordée aux femmes qui croiraient devoir recourir à cette mesure ; mais, comme dans le passé, elle demeurera dans le libre arbitre de la femme ; elle ne sera pas la conséquence forcée d'un fait qu'elle pouvait ignorer; elle sera libre, ou de confondre son sort avec celui de son mari,. même en faillite, ou de s'en séparer; mais cette détermination, dont elle calculera, ou dont on calculera pour elle, les conséquences, s'exécutera dans la forme accoutumée, et avec la publicité que commandent les intérêts des tiers qu'il faut également sauvegarder.

Et le Trésor, après avoir fait en cette matière une large part aux femmes peu fortunées, ne verra pas tarir une source d'impôts qu'il pourra réduire comme en toute autre matière.

En résumé, la séparation de biens ne saurait jamais être la conséquence forcée, nécessaire de la faillite.

Le législateur n'a pas le droit d'imposer à la femme une mesure qui peut lui répugner. Elle s'est associée à la bonne comme à la mauvaise fortune de son mari ; nul n'a le droit de l'obliger à se faire un sort différent du sien; et que si elle croit cependant, dans son intérêt, dans celui de ses enfants, devoir agir autrement, il ne faut pas, sous le prétexte de diminuer des frais, qu'elle l'obtienne par une procédure mystérieuse, mais bien par une procédure portée à la connaissance de tous, provoquant au besoin l'intervention des créanciers non suffisamment représentés quelquefois par le syndic, et appelant, à raison de la modification profonde qu'elle apporte dans les conventions matrimoniales, l'intervention de la justice ordinaire, de celle qui se rend au grand jour de l'audience.

Ces observations qui en reproduisent de précédentes, en

y ajoutant, auront-elles le sort des premières, en faisant écarter une fois encore la proposition de M. Parent?

Il faut l'espérer.

Le devoir du législateur est d'améliorer; or, ce serait ne pas le remplir, comme il convient qu'il le soit, que de mettre au néant une loi de procédure qui ne demande, au plus, qu'à être modifiée, sous prétexte *d'une diminution* peu appréciable dans les frais pour une procédure conservatrice d'intérêts très importants et *d'une abréviation* de délais qui tiennent à la nature des affaires dont les solutions ne peuvent être rapides.

Bordeaux, le 10 juin 1879.

Pour les membres du Bureau de la conférence :

BOULAN ✳, *président,* rapporteur (Bordeaux);
DELAUNAY, *vice-président* (Corbeil);
POULLE, *trésorier* (Amiens);
BONNE, *secrétaire* (Bar-le-Duc);
LEGRAND, *secrétaire adjoint* (Versailles);
HELIE (Niort); **BOUCHARDEAU** (Tours);
CAMPION (Pithiviers); **DESROUSSEAUX**
(Lille); **DAUTEROCHE** (Béziers); **DUSSOL**
(Périgueux); **ENCELAIN** (Chateau-Thierry);
FEAUTRIER (Marseille); **FRÉMONT** (Bernay); **LEBBÉ** (Condom); **MALANDIN**
(Rouen).